Michela Toto

La Psicotecnica: uno sguardo d'insieme dagli inizi dell'Ottocento alla seconda metà del Novecento

ISBN 978-1-326-52414-2

michelatoto@libero.it

...dobbiamo lavorare, produrre, lasciare le interminabili ed inutili discussioni sull'oggetto, sul metodo della psicologia, entrare nel vivo della indagine e poscia far conoscere, divulgare i risultati dei nostri studi.

Agostino Gemelli, "A proposito dell'insegnamento della psicologia nelle scuole medie e nelle università", in Rivista di Psicologia, XXIV (1928), p. 25.

La Psicotecnica: dagli inizi dell'Ottocento alla seconda metà del Novecento

INTRODUZIONE

Il presente lavoro fornisce un quadro orientativo della psicologia applicata, in particolare della psicotecnica: l'evoluzione della *Psicotecnica*, disciplina nascente del Novecento, dalle origini fino al suo arrivo in Italia. Dalla sua accezione derivante dal greco antico *psiché*, mente, e *téchne*, tecnica, la psicotecnica viene a plasmarsi quale arte funzionale ad attivare il potenziale della persona umana per condurla, supportandola, a risolvere i propri conflitti interiori, evolvendo verso una condizione di sempre crescente armonia. Applicata al mondo del lavoro, la psicotecnica, oggi, assume il ruolo di ambito disciplinare idoneo per lo studio e la comprensione dell'interazione tra le persone e il mondo dei servizi.

L'attuale psicologia del lavoro è il punto di arrivo di un ricco dibattito che attraversa le scienze psicologiche da oltre un secolo. La psicotecnica ha per lungo tempo riflettuto sui propri oggetti di indagine e sulle procedure metodologiche utilizzate nelle ricerche. Assicuratasi l'autonomia la psicologia del lavoro ha percorso un itinerario epistemologico complesso, in cui sia le teorie che i metodi hanno subito continue ridefinizioni.

A tal proposito cito le significative parole dello psicologo italiano Agostino Gemelli, fondatore della Cattolica:

«Come psicologo ho procurato sempre di prescindere dalle mie convinzioni personali, fossero esse sociali, religiose o filosofiche; non so se vi sono sempre riuscito; spero, per lo meno, di non essermi mai messo a lavorare guidato dal proposito di dimostrare una tesi, specie se filosofica. I miei allievi me ne possono essere testimoni. Si potrebbe osservare, e corrisponderebbe a verità, che nessuno, per quanto faccia, può prescindere dalla propria filosofia, ossia dalla propria concezione del mondo, perché è essa che guida la vita[1]».

La Psicotecnica negli ultimi anni ha potuto rispondere con fermezza alle esigenze della vita sociale, esigenze che spingono l'uomo alla continua ricerca del suo posto all'interno della società in cui vive. Di qui la necessità di rilevare le attitudini dell'uomo attraverso l'orientamento e la selezione professionale.

Riportare i contributi dei vari studiosi e psicologi dell'Ottocento e del Novecento nell'ambito della psicologia applicata è stato lo scopo del presente lavoro di ricerca.

---

1 Gemelli, "Postilla", in *Archivio di Psicologia, Neurologia, Psichiatria e Psicoterapia*, XIII, 3 (1952), p. 322.

DALLE ORIGINI TEDESCHE ALL'ARRIVO IN ITALIA

La prima accezione del termine 'Psicotecnica' rinvia all'unione di due parole greche *psiché* e *téchne*; l'espressione, infatti, 'tecnica della mente' è stata sostituita nel tempo con 'psicologia applicata alla tecnica' ovvero 'psicologia industriale', denominazione apparsa per la prima volta nel 1904 negli Stati Uniti in un articolo di William L. Bryan[2] come errore tipografico al posto di 'psicologia individuale'. Questo fervore nella nomenclatura assunse maggior rilievo nel 1955 quando "l'Associazione internazionale di psicotecnica" cambia la sua denominazione in "Associazione internazionale di psicologia applicata[3]".

Nei vari paesi del continente l'accezione 'psicotecnica' è stata utilizzata e applicata in vari campi del sapere, in

---

2 W. L. Bryan, "Theory and Practise", in *Psychological Review*, XI (1904), pp. 71-82.

3 R. Maeran, A. Pedon, *Storia, evoluzione e prospettive della psicologia del lavoro*, in N. A. De Carlo, *Teorie e strumenti per lo psicologo del lavoro e delle organizzazioni*, Franco Angeli, Milano 2012, pp. 35-89.

particolar modo, nell'ambito della psicologia applicata al lavoro e all'industria. Nello specifico, la psicologia applicata all'industria (detta anche psicologia industriale) si divide in due branche: quella soggettiva e quella oggettiva. La prima studia il lavoratore (in termini di identificazione delle attitudini della persona, formazione per le mansioni di lavoro, ecc.), mentre la psicotecnica oggettiva analizza il contesto e, in particolare, l'ambiente di lavoro. La psicotecnica industriale soggettiva, inoltre, persegue due scopi, la selezione e l'orientamento professionale, orientati entrambi alla valorizzazione della personalità del lavoratore sul lavoro.

Molti studiosi, filosofi, scienziati del secolo scorso fra la prima e la seconda guerra mondiale hanno apportato contributi fondamentali all'affermazione di questa disciplina come scienza. Un riconoscimento importante si deve a Frederick Taylor (1856-1915), il quale fu il primo ad idealizzare un'organizzazione scientifica del lavoro (OSL) nel 1911 in cui la psicotecnica incominciò a plasmarsi[4]. In merito ai suoi studi scientifici e sperimentali si delineò la convinzione che la produzione industriale dovesse avere come obiettivo primario il raggiungimento del massimo profitto con sforzo e perdita di tempo minimi. Il cosiddetto taylorismo, che prende il nome dal suo fondatore, prevedeva la scomposizione del ciclo produttivo industriale, per cui ogni operaio aveva una mansione precisa da svolgere. L'elemento che sfuggì a Taylor fu che la persona non era un robot e, quindi, la ripetizione del medesimo

4 Crf. F. W. Taylor, *L'organizzazione scientifica del lavoro*, Etas, Milano 1967.

lavoro creava negli operai forti disturbi fisici e psichici (alienazione); conseguenze di questa organizzazione del lavoro furono scioperi e fondazione del sindacato operaio.

La psicotecnica fu un'espressione forgiata molto probabilmente da Fechner, sviluppata da Stern e sistematizzata per la prima volta da Münsterberg. Gustav T. Fechner (1801-1887) filosofo e psicologo tedesco utilizzò, appunto, il termine per indicare le tecniche esercitate nella ricerca psicofisica; in particolare nel 1860 pubblicò *Elemente der psychophysik* in cui descrive i metodi per la raccolta di dati psicofisici[5].

Agli inizi del Novecento si deve allo psicologo William Stern (1871-1938) l'introduzione del termine 'psicotecnica' per indicare la psicologia del lavoro, trattata nella sua opera dal titolo *Über Psychologie der individuellen Differenzen* e basata sullo studio scientifico delle differenze individuali dell'anima umana[6].

Ma è solo con Hugo Münsterberg (1863-1916), psicologo tedesco, che si ha un concetto di psicotecnica ben strutturato, declinato attraverso il suo studio dell'uomo in rapporto al lavoro, alle abitudini lavorative, alla fatica fisica e simili. È considerato il pioniere dell'applicazione della psicotecnica in campo industriale,

---

5 Cfr. G. T. Fechner, *Elemente der psychophysik*, Breitkopf & Härtel, Lipsia 1860, trad. eng., *Elements of psychophysics*, Holt, Rinehart & Winston, New York 1966.

6 Sulla sua suddivisione della psicologia differenziale applicata in 'psicognostica' e 'psicotecnica' consultare W. Stern, "Agenwandte Psychologie", in *Beiträge zur Psychologie der Aussage*, I (1903), pp. 4-45.

come testimoniano le sue pubblicazioni: *Psychology and Industrial Efficiency* nel 1913 e *Grundzüge der Psychotechnik* nel 1914. Nel primo Hugo esordisce così:

«*Riguardo al tema psicotecnica, dobbiamo analizzare le attività economiche definite con riferimento alle qualità mentali che sono necessarie, e dobbiamo trovare metodi con cui queste qualità mentali possano essere testate. Gli interessi del commercio e dell'industria possono essere aiutati solo quando entrambe le parti, le esigenze professionali e la funzione personale, sono esaminate con pari rigore scientifico[7]*».

Pertanto, secondo Münsterberg, bisognava identificare ovvero individuare le applicazioni della psicologia, utili per il lavoro ed egli le individuò direttamente con ricerche sul campo, ad esempio, soffermandosi ad analizzare le attitudini insite nelle centraliniste dell'azienda Bell, nei capitani di nave e nei conduttori di tram. Nel *Grundzüge der Psychotechnik* egli sostiene la differenza tra Psicologia applicata e Psicotecnica, in quanto quest'ultima adotta i mezzi necessari per la risoluzione dei problemi provenienti dall'organizzazione del lavoro industriale, rispetto alla prima di impostazione maggiormente teorica:

«*Il medico vorrebbe, attraverso mezzi psichici, influire sul sistema nervoso del paziente per rimetterlo in salute. Il commerciante cerca di agire sui clienti per invogliarli ad acquistare. L'industriale è spinto a trattare gli operai in modo da svegliare nella loro coscienza la volontà di uno sforzo superiore. Si tratta insomma di*

---

7 H. Münsterberg, *Psychology and Industrial Efficiency*, Houghton, Boston 1913, p. 57.

problemi puramente pratici, e siccome le scienze consacrate ai problemi puramente pratici sono chiamate tecniche, la psicologia al servizio della pratica si chiama psicotecnica[8]».

Oltre ai predetti psicologi, capisaldi della Psicotecnica, molti altri hanno contribuito, come accennato in precedenza, allo sviluppo di questa disciplina come scienza autonoma.

È il caso di Elton Mayo (1880-1949), psicologo e sociologo australiano, il quale tra il 1927 e il 1933 sviluppò l'ipotesi di una stretta correlazione tra l'ambiente lavorativo e i rapporti di lavoro che si creano al suo interno. Egli affermava l'esistenza di un complesso di fattori psicologici latenti che influenzava il comportamento dei soggetti (lavoratori). Inoltre, indirizzando gli esperimenti agli stabilimenti di Hawthorne di Chicago apportò modifiche all'organizzazione come la riduzione dell'orario di lavoro e l'inserimento di una prima e seconda pausa lavorativa per verificare, appunto, gli effetti sulla produzione. Egli poté notare come la produzione aumentava e continuava ad incrementare, giungendo alla conclusione che sia le pause che la solidarietà e i legami tra i piccoli gruppi di lavoro favorivano l'aumento della produzione in termini quantitativi. Risultato fu la definizione dell'effetto Hawthorne come il mutamento del comportamento conseguente ad una condizione di novità.

---

8 ID., *Grundzüge der Psychotechnik*, Barth, Lipsia 1914, pp. 5-6.

In Francia nel 1933 H. Le Besnerais, amministratore della compagnia francese ferroviaria, chiarì gli scopi del Laboratorio di Psicotecnica inaugurato poco prima della nascita della sopradetta compagnia. Egli affermava la necessità della cosiddetta "selezione", non quella che fino ad allora si esercitava, ma una selezione che realmente eliminasse le persone risultanti, attraverso l'esame psicotecnico, non idonee a svolgere un certo tipo di lavoro[9].

Un altro transalpino, Julien Fontegne (1879-1944), pioniere dell'orientamento professionale, propose nel 1918 a Ginevra un test da eseguire mediante l'uso prolungato del piede finché non si manifestava il fattore fatica, ritenuto dal Nostro di particolare rilevanza.

In America, terreno fertile per gli sviluppi della Psicotecnica, tra i vari psicologi che si sono interessati alla disciplina compaiono William L. Bryan, Walter dill Scott e E. F. Peck[10].

Il primo (1867-1945) si cimentò nello studio dei telegrafisti e, in particolare, nella possibilità di rafforzare le loro capacità concernenti la trasmissione ovvero la ricezione dei messaggi in codice morse.

Risalgono a Scott (1869-1955) i primi studi sulla probabilità di condizionare il pubblico a scopi pubblicitari e, quindi, sulla possibilità di indurre l'utenza, ad esempio, ad acquistare un certo *dewe* o

---

9 M. Sinatra, *L'aurora della psicotecnica*, Laterza, Bari 1999, pp. 55-58.

10 AA.VV., *Revisiting Taylor. L'organizzazione scientifica del lavoro: il libro che ha sconvolto un secolo*, Franco Angeli, Milano 2013, pp. 59-62.

servizio. Mentre Peck, direttore della ferrovia di Schenectady, a causa dei molti scontri tra tram, nel 1911 discusse durante un'assemblea dei tranvieri a New York sulle cause che portavano a queste collisioni e sottolineò la necessità di verificare se gli agenti, che lavoravano sulle linee tranviarie, avessero le qualificazioni mentali e l'addestramento rigido all'obbedienza.

In Germania, C. Piorkowsky evidenziò come il conduttore non dovesse solo avere una concentrazione costante al lavoro ma dovesse essere anche abile a reagire agli incidenti imprevisti[11].

Un caso di psicotecnica cosiddetta "classica" si ha con Josef Breuer (1842-1925), medico e ipnotista di Vienna, il quale dopo una consulenza psicologica eseguita sulla giornalista e attivista femminile Bertha Pappenheim (citata dall'autore Anna O.), la quale presentava disagi psicologici, affermò che i tormenti erano conseguenze dettate dall'assistenza che faceva al padre malato e agonizzante. L'evento, quindi, che era all'origine della sofferenza, doveva essere rivisitato e drammatizzato per potersi liberare dai disturbi.

Una concezione di psicotecnica moderna, invece, si ha con Poul William Anderson (1926-2001), autore della *Psychotechnic League*, opera scritta tra il 1949 e il 1957 e che, costituita da ventidue racconti leggendari e fantascientifici, abbracciava diversi temi come la poesia, l'avventura, l'hard, ecc.; tematica centrale è il concetto

---

11 C. Piorkowski, "Beitrage zur psychologischen Methodologie der wissenschaftlichen Berufsberantung", in *Beihefte zur Zeitschrift für angewandePsychologie*, XI (1915), pp. 15-16.

della storia delle civiltà e dunque la sua organizzazione, come organismo biologico, in cui i sistemi nascono, si sviluppano ed esauriscono la loro funzione originando successivamente una nuova civiltà.

In Russia da non dimenticare è l'utilizzo della psicotecnica applicata al teatro, di cui è promotore Konstantin S. Stanislavskij (1863-1938), attore e teorico teatrale dal quale deriva il cosiddetto metodo Stanislavskij. Questo funse da "addestramento" alla recitazione per gli attori attraverso il quale Konstantin, con esercizi mirati, insegnava loro come rendere veritiero dal punto di vista scenico le emozioni e i sentimenti da esprimere durante le loro performance[12].

Fra i vari ambiti di applicazione, la psicotecnica si è indirizzata anche all'orientamento e alla selezione professionale dei giovani; una prima applicazione in questo campo fu fatta da Frank Parsons (1854-1908), il quale, nel 1908, attraverso studi pedagogici cercò di impedire che le persone, in particolar modo i giovani senza occupazione, si abbandonassero alla delinquenza o alla devianza[13].

In ambito italiano, uno dei primi approcci alla psicotecnica è dato dall'attività di studio e indagine

---

12 Cfr. F. Ruffini, *Stanislavskij: dal lavoro dell'attore al lavoro su di sé*, Laterza, Bari 2007.

13 L. Traetta, *L'evoluzione storica dell'orientamento tra teorie e pratiche*, in I. Loiodice, *Orientamenti. Teorie e pratiche per la formazione permanente*, Progedit, Bari 2009, p. 5; J. Ghichard, M. Huteau, *Psicologia dell'orientamento professionale. Teorie e pratiche per orientare la scelta negli studi e nelle professioni*, Cortina Raffaello, Milano 2003, pp. 13-39.

compiuti nel 1901 da Ugo Pizzoli (1869-1934) e nel 1907 da Pietro Petrazzani; il primo utilizzò test attitudinali per verificare che l'operaio-apprendista avesse le qualità psicologiche e psicofisiche per svolgere la mansione di autista, mentre il secondo si impiegò sul calcolo del tempo e dello spazio utili affinché un'automobilista aggirasse un ostacolo ovvero un pericolo imminente sul suo percorso. Due anni dopo, Mariano L. Patrizi (1866-1935) affermò l'indispensabilità di sottoporre gli aspiranti conduttori di tram a test psicofisici per verificarne l'idoneità ad un lavoro richiedente prontezza di riflessi e capacità di risolvere problematiche improvvise attinenti alla guida. Ma è con Guido Della Valle (1884-1962), psicopedagogista italiano, che si ha l'introduzione in Italia del termine 'psicotecnica', precisamente nell'anno 1910 all'interno della sua opera dal titolo *Le leggi del lavoro mentale*[14]. In questo scritto interpreta la 'psicotecnica' come scienza diretta all'osservazione del lavoro mentale, disciplina volta al conseguimento di un determinato fine.

Nello stesso periodo, Sante de Sanctis (1862-1935), psicologo italiano, pubblicò uno scritto dal titolo *Principi ed applicazioni della psicofisiologia del lavoro*[15], all'interno del

---

14 Cfr. G. Della Valle, *Le leggi del lavoro mentale*, Paravia, Torino 1910.

15 Cfr. S. De Sanctis, "Principi ed applicazioni della psicofisiologia del lavoro", in *Archivio italiano di psicologia*, VIII, 1 (1930); A. M. Ferreri, *Sante de Sanctis*, in G. Cimino, N. Dazzi, *La psicologia in Italia. I protagonisti e i problemi scientifici, filosofici e istituzionali (1870-1945)*, Led, Milano 1998, pp. 255-296; sulla concezione differenziale di De Sanctis negli studi di psicologia applicata consultare G. Cimino, G. P. Lombardo, *Sante De Sanctis tra psicologia generale e psicologia applicata*, Franco Angeli, Milano 2004, pp. 201-208.

quale articola la psicotecnica in tre aree di indagine: la 'psicologia della vocazione', basata sullo studio delle attitudini del lavoratore utili all'esercizio corretto di un determinato lavoro; la 'psicofisiologia del lavoro', che si occupa di studiare scientificamente il lavoro dal punto di vista psichico e fisico, considerata, questa, il caposaldo della psicotecnica; ultima area di indagine è la 'didattica scientifico-sperimentale', diretta, attraverso indagini e studi approfonditi sulle attitudini, all'inserimento dei minorati nel mondo del lavoro.

Nel 1942 negli stabilimenti "Olivetti", conosciuti anche come "la fabbrica in mattoni rossi", sotto la presidenza di Adriano Olivetti e dietro sua richiesta, fu istituito un Laboratorio di Psicotecnica, in cui furono compiuti studi e indagini circa il fattore lavoro e la condizione del lavoratore. Interessante è la costruzione del primo di quattro ampliamenti alla struttura preesistente voluta dall'Olivetti; egli, infatti, fece costruire questo blocco tenendo presente gli studi compiuti in precedenza negli Stati Uniti circa il modellamento dello spazio interno di lavoro, secondo regole psicotecniche e illuminotecniche, per creare un ambiente lavorativo idoneo e produttivo per il lavoratore.

Fra coloro che in Italia hanno contribuito allo studio della psicotecnica e alle derivanti applicazioni nei vari ambiti del sapere vanno annoverati un medico Vito Massarotti (1881-1959), uno psicologo Mario Ponzo (1882-1960) e Luigi Meschieri (1919-1985), professore e psicologo[16]. Quest'ultimo indirizzò i suoi studi in generale alla psicologia applicata, soffermandosi con maggiore attenzione sulla psicotecnica, in particolar modo alle applicazioni della suddetta disciplina riguardo l'orientamento scolastico-professionale.

Massarotti, invece, fu uno dei pionieri degli studi sulla situazione dei lavoratori e sul rinnovamento delle loro condizioni applicando gli studi psicotecnici in ambito lavorativo: durante la sua presidenza presso "l'Istituto Psicotecnico" in Milano, infatti, si prodigò affinché si attuasse una legge che prevedesse una serie di controlli psico-fisici per constatare l'idoneità di un aspirante conduttore di mezzi pubblici. Egli, inoltre, ebbe particolare attenzione nei confronti della salvaguardia dei lavoratori e della loro sicurezza cercando di tutelarli attraverso l'attuazione di norme specifiche.

Una delle varie definizioni di psicotecnica applicata all'ambito lavorativo è data da Ponzo, il quale asseriva che:

«*La psicotecnica del lavoro costituisce quella parte della psicologia applicata che ricerca i mezzi psicologici capaci di rendere il lavoratore più adatto al lavoro e il lavoro più confacente al lavoratore, ai fini del perfezionamento della produzione; perfezionamento armonicamente coordinato con la difesa e con l'elevazione della personalità di coloro che*

lavorano[17]».

---

16 Cfr. http://www.aspi.unimib.it: Archivio Storico della Psicologia Italiana.

17 M. Ponzo, "La psicotecnica nell'ordinamento del lavoro industriale", in *La rivoluzione e lo Stato. Universalità fascista*, XII, 4 (1934), pp. 1-40.

Egli si adoperò negli studi riguardanti lo *status* del lavoratore, la sua sicurezza e i suoi disagi psicologici in ambito lavorativo, promuovendo corsi informativi circa le questioni di psicotecnica del lavoro. Inoltre, nel 1932 Ponzo istituì "il Centro psicotecnico di consulenza e di ricerca" e tra le sue opere più importanti riguardanti la psicologia del lavoro si annovera *La psicotecnica nell'ordinamento del lavoro industriale* pubblicata nel 1934.

Nel secolo scorso, precisamente tra le due grandi Guerre, si ebbe per la prima volta tra i confini italici la Terza conferenza internazionale di psicotecnica a Milano; tra i partecipanti vi furono Édouard Claparède[18] , Sante de Sanctis, Giulio C. Ferrari, Agostino Gemelli e Mario Ponzo, i quali discussero circa le applicazioni della suddetta disciplina[19]. Riferendosi a tale circostanza lo psicofisiologo Doniselli così scriveva:

«*Chi lavora senza pensare ad altra soddisfazione che la riuscita stessa del lavoro, sarà in grado di interpretare i nostri sentimenti. Noi siamo oggi un passo più avanti di coloro che ci hanno preceduto ieri; domani saremo sorpassati da altri che avranno forse vinto le difficoltà di fronte alle quali noi ci siamo arrestati[20]*» .

---

18 Psicologo e pedagogista svizzero, Claparède nel suo scritto *La technopsychologie* del 1926 introdusse il termine "tecnopsicologia" per indicare quella disciplina volta a studiare, attraverso la selezione e l'orientamento professionale, l'adattamento del lavoratore all'ambiente di lavoro.

19 E. Canadelli, *La rete del grande Politecnico*, in E. Canadelli, P. Zocchi, *Milano scientifica 1875-1924*, Sironi, Milano 2008, p. 295.

20 C. Doniselli, "Istituto di pedagogia e psicologia sperimentale del Comune di Milano: Contributi ai problemi della scuola e dell'orientamento

Un altro passo in avanti nell'ambito della psicotecnica in Italia si ebbe con la Scuola di specializzazione in Psicologia dell'Università Cattolica, che prevedeva lezioni su strumenti utilizzati dalla psicologia scientifica per registrare alcune attività mentali di un individuo, al momento della selezione. Importanza particolare, per quanto riguardano gli studi diretti all'applicazione della psicotecnica al mondo del lavoro, ebbero gli studi di Mosso e del Gemelli. Angelo Mosso (1846-1910), medico ed archeologo, fu l'inventore di uno strumento divenuto celebre nel mondo, l'ergografo, attraverso cui compì degli studi riguardo il lavoro meccanico dei muscoli, quindi dei suoi movimenti e sui mutamenti che essi subivano in seguito alla fatica[21].

Questo "registratore del lavoro" dedicato ai muscoli della mano era costituito da due parti: una doveva assicurare l'immobilità della mano ai fini di corrette registrazioni, chiamate ergogrammi e l'altra registrava le contrazioni. A quanto affermava Ponzo, Mosso ebbe difficoltà in un primo momento a concepire questo tipo di strumento, visto che bisognava escogitare un modo per registrare un singolo muscolo, isolando gli altri, affinché "nessun altro muscolo potesse aiutarlo nella sua fatica e specialmente quando esso era stanco[22]";

---

professionale", in *Città di Milano*, IX (1922), p. 374.

21 G. P. Lombardo, A. Pompili, V. Mammarella, *Psicologia applicata e del lavoro in Italia. Studi storici*, Franco Angeli, Milano 2002, pp. 40-44; R. Passione, *Le origini della psicologia del lavoro in Italia. Nascita e declino di un'utopia liberale*, Franco Angeli, Milano 2012, pp. 17-36.

22 A. Mosso, *La fatica*, Treves, Milano 1891, p. 88.

metodo che successivamente applicherà all'ergografo. Con esso dimostrò come i muscoli di un individuo, sollecitati per mezzo di contrazioni caratterizzate da ugual peso e ritmo, mantengano a distanza di tempo una costanza nell'affaticamento, ovvero le "curve" del tracciato dell'ergografo davano sempre gli stessi risultati.

Affascinante e sorprendente è il modo con cui Mosso studiava e sperimentava le sue idee inventando lui stesso, sostenuto dai suoi collaboratori, strumenti come il suddetto ergografo, o il miotonometro, il pletismografo e mettendo a punto la loro particolare precisione nelle misurazioni.

Infine, sempre in Italia va ricordato Agostino Gemelli, il quale si è distinto per le sue indagini e studi minuziosi circa le applicazioni della psicotecnica nei vari settori della società.

Negli anni del periodo fascista, si promulgò per la tutela, nelle scuole e nelle accademie, della psicologia, disciplina costituente parte fondamentale delle sue ricerche scientifiche. Fondò nel 1921 l'Università cattolica del Sacro Cuore di Milano, di cui fu rettore, e contraddistinse la sua meticolosa carriera di studi e ricerche in diversi campi del sapere, dalla neurofisiologia alla psicologia sperimentale, dalla psicologia dell'età evolutiva alla psicologia del lavoro.

Nel corso di cinquant'anni fra i vari ambiti di ricerca, che interessarono il Gemelli, si annovera la psicotecnica, a cui egli dedicò buona parte dei suoi studi. Egli compì ricerche e indagini su questa disciplina applicandola nei seguenti ambiti: in campo industriale, nell'orientamento scolastico e professionale ed, infine, in campo militare, specificatamente nel settore aeronautico. Inoltre, fu il primo a compiere studi sull'intervallo psicotecnico di reazione in relazione al problema degli incidenti stradali[23] apportando riflessioni di particolare rilevanza.

Riguardo alla psicotecnica in generale il Gemelli affermava:

«*Questo complesso di indagini e applicazioni pratiche che di sotto il nome, assai male scelto, ma assai usato, di psicotecnica dimostra come nello studio delle professioni in genere e nello studio delle questioni industriali in specie, il punto di vista delle attitudini psichiche dell'individuo assume un'importanza di primo ordine[24]*».

In aggiunta il Gemelli sosteneva la necessità, in ambito lavorativo, di una selezione dei candidati mediante test psicofisici[25] per misurarne le attitudini, che bisognava sviluppare frequentando apposite scuole di specializzazione. Ma l'obiettivo primario, stando alle considerazioni dello studioso, di questa branca di

---

23 Cfr. A. Gemelli, *Gli incidenti del traffico stradale*, Vita e Pensiero, Milano 1990.

24 ID., "Sulla necessità di una selezione psicologica nel reclutamento dei militari", in *Nuova Antologia*, VI, 243 (1925), p. 331.

25 Per approfondire cfr. ID., "Intorno alla applicazione dei *test* mentali alla selezione industriale", in *Rivista di Psicologia*, XXXII (1936).

studio, la psicotecnica appunto, era l'attribuzione di importanza all'attività umana, al lavoro che fino a quel momento veniva considerato un fattore secondario e, allo stesso tempo, scovare canali che rendessero il lavoro più proficuo possibile.

BIBLIOGRAFIA ESSENZIALE

AA.VV., *Revisiting Taylor. L'organizzazione scientifica del lavoro: il libro che ha sconvolto un secolo*, Franco Angeli, Milano 2013.

Bryan W. L., "Theory and Practise", in *Psychological Review*, XI (1904), pp. 71-82.

Canadelli E., *La rete del grande Politecnico*, in E. Canadelli, P. Zocchi, *Milano scientifica 1875-1924*, Sironi, Milano 2008.

Cimino G., Lombardo G. P., *Sante De Sanctis tra psicologia generale e psicologia applicata*, Franco Angeli, Milano 2004.

Claparéde E., *L'orientation professionnelle: ses problèmes et ses méthodese*, Bureau international du travail, Genève 1922.

De Sanctis S., "Principi ed applicazioni della psicofisiologia del lavoro", in *Archivio italiano di psicologia*, VIII, 1 (1930).

Della Valle G., *Le leggi del lavoro mentale*, Paravia, Torino 1910.

Doniselli C., "Istituto di pedagogia e psicologia sperimentale del Comune di Milano: Contributi ai problemi della scuola e dell'orientamento professionale", in *Città di Milano*, IX (1922), pp. 369-376.

Fechner G. T., *Elemente der psychophysik*, Breitkopf & Härtel, Lipsia 1860, trad. eng., *Elements of psychophysics*, Holt, Rinehart & Winston, New York 1966.

Ferreri A. M., *Sante de Sanctis*, in G. Cimino, N. Dazzi, *La psicologia in Italia. I protagonisti e i problemi scientifici, filosofici e istituzionali (1870-1945)*, Led, Milano 1998.

Gemelli A., "Intorno alla applicazione dei *test* mentali alla selezione industriale", in *Rivista di Psicologia*, XXXII (1936).

Gemelli A., "Postilla", in *Archivio di Psicologia, Neurologia, Psichiatria e Psicoterapia*, XIII, 3 (1952).

Gemelli A., "Sulla necessità di una selezione psicologica nel reclutamento dei militari", in *Nuova Antologia*, VI, 243 (1925), pp. 327-348.

Gemelli A., *Gli incidenti del traffico stradale*, Vita e Pensiero, Milano 1990.

Ghichard J., Huteau M., *Psicologia dell'orientamento professionale. Teorie e pratiche per orientare la scelta negli studi e nelle professioni*, Cortina Raffaello, Milano 2003.

http://www.aspi.unimib.it: Archivio Storico della Psicologia Italiana.

Lombardo G. P., Pompili A., Mammarella V., *Psicologia applicata e del lavoro in Italia. Studi storici*, Franco Angeli, Milano 2002.

Maeran R., Pedon A., *Storia, evoluzione e prospettive della psicologia del lavoro*, in N. A. De Carlo, *Teorie e strumenti per lo psicologo del lavoro e delle organizzazioni*, Franco Angeli, Milano 2012.

Mosso A., *La fatica*, Treves, Milano 1891.

Münsterberg H., *Grundzüge der Psychotechnik*, Barth, Lipsia 1914.

Münsterberg H., *Psychology and Industrial Efficiency*, Houghton, Boston 1913.

Piorkowski C., "Beitrage zur psychologischen Methodologie der wissenschaftlichen Berufsberantung", in *Beihefte zur Zeitschrift für angewandePsychologie*, XI (1915), pp. 1-84.

Ponzo M., "La psicotecnica nell'ordinamento del lavoro industriale", in *La rivoluzione e lo Stato. Universalità fascista*, XII, 4 (1934), pp. 1-40.

Ruffini F., *Stanislavskij: dal lavoro dell'attore al lavoro su di sé*, Laterza, Bari 2007.

Sinatra M., *L'aurora della psicotecnica*, Laterza, Bari 1999.

Stern W., "Agenwandte Psychologie", in *Beiträge zur Psychologie der Aussage*, I (1903), pp.4-45.

Taylor F. W., *L'organizzazione scientifica del lavoro*, Etas, Milano 1967.

Traetta L., *L'evoluzione storica dell'orientamento tra teorie e pratiche*, in I. Loiodice, *Orientamenti. Teorie e pratiche per la formazione permanente*, Progedit, Bari 2009.

INDICE

Finito di stampare nel mese di gennaio 2016
presso Lulupress